AF360689

CATALOGUE

DE

TABLEAUX CAPITAUX

Des Écoles

D'ITALIE, D'ESPAGNE, DE HOLLANDE, DE FLANDRE, D'ALLEMAGNE ET DE FRANCE,

ET D'UNE

COLLECTION D'OBJETS DE HAUTE CURIOSITÉ,

Dont la Vente aura lieu

Les 7, 8, 9 et 10 Décembre prochain, et le 11 s'il y a lieu,

DANS LA GRANDE GALERIE LEBRUN,

RUE DU GROS-CHENET, 4, A PARIS.

PARIS.

IMPRIMERIE DE E.-B. DELANCHY,

FAUBOURG MONTMARTRE, 11.

1840.

CATALOGUE

DE

TABLEAUX CAPITAUX

DES ÉCOLES

Italienne, Espagnole, Hollandaise, Flamande, Allemande et Française,

Provenant, en grande partie,

DES COLLECTIONS DE MIDDELBOURG, DU MARQUIS DE CALVIÈRE, CARDINAL FESCH, SÉGUIN, KOERTMAN D'ANVERS, DUC DE BERRY ET PRINCE DE LA PAIX ;

Meubles de Boule, Bronzes d'ancienne fonte d'Italie, Groupes, Figures et Colonnes en marbre, Armes et Armures, Porcelaines montées de Chine et de Sèvres, riches Tapisseries des Gobelins de huit mètres de longueur, Émaux de Limoges, Figures en ivoire et bois sculpté, Coffre en filigrane d'argent et Objets de curiosité variée ;

Dont la vente, par suite de départ et fin de bail, aura lieu les 7, 8, 9 et 10 décembre, à midi, et le 11 s'il y a lieu,

GALERIE LEBRUN, RUE DU GROS-CHENET, 4,

A PARIS,

Par le ministère de Mᵉ BONNEFONS DE LAVIALLE, commissaire-priseur, rue de Choiseul, 11 ;

Assisté de M. Charles PAILLET, commissaire-expert honoraire du Musée-Royal, rue Grange-Batelière, 24, et ROUSSEL, expert, quai Malaquais.

L'exposition particulière aura lieu le 25 octobre jusqu'au 30 novembre, de midi à quatre heures; elle sera publique du 1ᵉʳ décembre au 6 inclusivement.

LE PRÉSENT CATALOGUE SE DISTRIBUE :

A PARIS, chez......	M. BONNEFONS DE LAVIALLE, commissaire-priseur ; M. Charles PAILLET, commissaire-expert du Musée-Royal, M. ROUSSEL, marchand de curiosités, quai Malaquais ; M. WERY, peintre, rue d'Argenteuil, 8 ;
A LONDRES, chez...	SMIT fils, Bondt-Street, 37 ;
A AMSTERDAM, chez.	M. BRONDGHEEST, Héerengraght, 30 ;
A BRUXELLES, chez...	M. HÉRIS, rue Royale, 106 ; M THIELLENS, rue Ducale, 15 ; M. E. LEROY, Courte-Rue-de-l'Écuyer, 31 ; M. LÉONI, peintre, rue du Marquis, 15 ;
A ANVERS, chez....	M. REGMORTER, peintre ;
A MANHEIM, chez...	ARTARIA et FONTAINE.

1840.

AVIS.

Il sera perçu cinq pour cent en sus de l'adjudication.

L'ordre des vacations sera délivré pendant le cours de l'exposition.

Abréviations employées dans le Catalogue.

T., toile.
B , bois.
C., cuivre.
H., hauteur.
L., largeur.
m., mètre.
c., centimètre.

PARIS.— Imp. de E.-B. DELANCHY, faub. Montmartre, 11.

AVANT-PROPOS.

Les collections de bons tableaux deviennent
de plus en plus rares. Combien de galeries no-
tables ont été dispersées dans ces derniers temps,
la collection de l'Élysée, la collection Érard, la
collection Sommariva. Il y a plusieurs causes
de ce fait : la division incessante des fortunes
et l'entraînement vers les opérations industriel-
les. Il faut en effet beaucoup de conditions de
richesse et de caractère pour réunir à grands
prix les ouvrages distingués qui font l'admira-
tion des connaisseurs ; il faut le tact naturel de
l'artiste et la science qui s'acquiert par la pra-
tique ; il faut la fortune , et avec la fortune il
faut surtout la persévérance , le dévoûment et
l'amour de l'art, cette sorte de générosité désin-
téressée qui vous fait préférer à tout la posses-
sion d'une belle chose.

Combien compte-t-on maintenant à Paris de
galeries vraiment recommandables ? Une demi-
douzaine tout au plus. M. Dubois a montré, par
les résultats, qu'il possédait ces diverses qualités si précieuses. Pendant vingt cinq ans, il s'est
consacré à la recherche patiente des tableaux et

de toute sorte d'objets d'arts. Artiste lui-même, M. Dubois a une finesse de tact, une vivacité et une justesse d'impression qui ont établi parmi les plus grands connaisseurs l'autorité incontestable de ses jugements. Personne mieux que M. Dubois ne décide d'un tableau à première vue ; il a souvent émerveillé ainsi ses hôtes, en visitant les galeries étrangères. M. Dubois a voyagé dans tous les pays qui offrent de l'intérêt pour les arts : en Italie, en Belgique, en Allemagne, en Hollande, en Angleterre, et au retour de chaque voyage, il en rapportait quelques chefs-d'œuvre. A Paris, dans les ventes importantes, M. Dubois ne laissait échapper aucune occasion d'ajouter quelques belles pages à sa galerie ; car s'il possède les qualités de l'artiste pour la sûreté de ses appréciations, il a encore cette qualité de l'acheteur, plus rare peut-être que le goût de l'artiste, l'audace qui vient de la certitude du coup d'œil. C'est ainsi qu'il a payé à des prix très-élevés une grande partie de sa collection.

M. Dubois a donc réuni un choix d'excellentes peintures de l'école Italienne, de l'école Espagnole, de l'école Française, des écoles Flamande et Hollandaise ; il suffit de citer les noms d'Andréa del Sarte, du Dominiquin, de Jules Romain, de Canaletti ; de Ribera, Velasquez et

Murillo ; du Guide et de Carlo Dolci, du Gaspre et de Salvator ; des deux Ostade et de Téniers, de Gérard Dow, de Stéen, de Ruisdaël, Wouwermans, Wynants, Slingelandt, Hackaert, Rubens, Van Huysum, Backhuysen, Van Dick et les deux Van de Velde ; du Claude Lorrain, Greuze, Valentin et Watteau, pour se convaincre de la supériorité des principaux morceaux de la collection. La plupart des tableaux sont accompagnés de traditions authentiques et se recommandent d'ailleurs par leur propre mérite. Outre les tableaux, M. Dubois offre aux curieux une riche collection d'objets d'arts, comme meubles de Boule, bronzes florentins, statues de marbre, armes d'une belle époque, et divers autres objets d'un grand intérêt.

DÉSIGNATION
DES TABLEAUX.

ALBANE.

1. — Deux amours, groupés ensemble et portant chacun un attribut différent, considèrent deux colombes qui se becquètent sur un arbre. Ce groupe se détache sur un ciel clair et harmonieusement dégradé.

T. H. 32 ½ c., L. 45 ½ c.

PERRUGINO (Pietro).

2. — L'Enfant-Jésus, sur les genoux de sa mère, semble méditer déjà sur la divine mission qu'il doit remplir comme Rédempteur du monde. La Vierge le soutient avec amour et respect. Le caractère des têtes rappelle au plus haut degré celui qu'on remarque dans les chefs-d'œuvre du maître de Raphaël.

B. H. 61 ½ c., L. 50 c.

DEL SARTE (Andrea).

3. — Portrait de la mère du peintre. Elle est re-

présentée assise, vêtue d'un costume noir, tenant d'une main ses gants, et l'autre main posée sur le bras d'un fauteuil. Elle porte une coiffure de cette époque, ainsi qu'une blanche collerette. Ses traits sont simples, sa pose naturelle. C'est une peinture sévère et empreinte de ce grand caractère particulier aux maîtres italiens du XVIe siècle. (*Collection du duc de Turci, à Gênes.*)

B. H. 91 c., L. 72 c.

LE MÊME.

4. — Portrait d'une princesse florentine, à mi-corps. Elle est parée de bracelets, de collier, de chevalière, et d'un autre insigne qui caractérise sa dignité. La couleur générale est onctueuse et pleine d'harmonie. La robe rouge est du plus beau ton.

B. H. 95 c., L. 73 c.

ALLORI (Christofano).

5. — Sainte martyre, les mains attachées derrière le dos, et devant elle les instruments de son supplice. Le torse nu est d'une exécution savante et serrée, d'un modelé ferme et positif, comme les figures ordinaires de ce peintre.

T. H. 88 c., L. 79 c.

DOLCI (Carlo).

6. — Le Christ mort et étendu sur un linceul. Siméon soulève le corps inanimé et le dispose aux apprêts de l'ensevelissement. La Vierge, malgré sa douleur et ses larmes, veut assister à ce triste et

dernier devoir, par un noble dévoûment de piété. De chaque côté du tableau sont posés les accessoires qui ont servi à consommer le supplice de Jésus.

C'est de la collection du comte Ceretani, de Florence, qu'est sorti ce tableau, un des plus capitaux, sous le rapport de l'exécution comme sous celui de la composition. Le Dolci n'a fait que quelques tableaux de cette dimension et de cette importance. La figure du Christ est d'une expression admirable, et toute la scène est empreinte d'une religieuse tristesse.

T. H. 92 c., L. 1 m. 54 c.

LE MÊME.

7. — Tête de Vierge; une draperie bleue qui recouvre la tête et les épaules laisse entrevoir une partie du bras. *(Collection du duc de Turci, de Gênes.)*

T. H. 57 c., L. 47 c.

LE MÊME.

8. — La Madeleine dans le désert. Elle ouvre un livre de prières; près d'elle sont les attributs de sa mortification, une tête de mort et une croix.

T. H. 88 c., L. 1 m. 13 c.

CIGOLI.

9. — La Vierge, assise à l'ombre d'une touffe d'arbres, tient sur ses genoux l'Enfant-Jésus endormi; elle est vêtue d'étoffes de différentes couleurs, formant larges draperies. Près d'elle, est le sac de voyage dont Joseph se chargea dans la fuite en E-

gypte. La tête de la Vierge exprime tous les doux sentiments de la maternité.

T. H. 1 *m.* 45 *c.*, L. 1 *m.* 12 *c.*

CASTIGLIONE (Benedetto), dit Le Graghetto.

10. — Dieu apparaît à Laban, au moment de son départ, en emportant avec lui ses idoles.

T. H. 1 *m.* 86 *c*, L. 2 *m.* 69 *c.*

CANGIADGE (Lucas).

11. — Agar reçue par Abraham.

T. H. 1 *m.* 82 *c.*, L. 2 *m.* 64 *c.*

ZAMPIERI (Domenico), dit Le Dominiquin.

12. — Saint Sébastien, les bras suspendus par des cordes à un arbre, et le corps percé de flèches, élève vers le ciel un regard noble et touchant, dans lequel est exprimée la plus souffrante résignation. Cette figure est vue plus qu'à mi-corps et porte dans son ensemble une richesse de couleur qui caractérise le prince de l'école de Bologne. La puissance du modelé et la dégradation de la lumière sont surtout remarquables.

T. H. 1 *m.* 35 *c.*, L. 98 *c.*

LE MÊME.

13. — Cincinnatus, tiré de la charrue pour être consul romain, et créé ensuite dictateur. Un pareil sujet ne pouvait être traité que par un habile peintre.

T. H. 2 *m.* 11 *c.*, L. 2 *m.* 33 *c.*

LE MÊME.

14. — Pendant le repos en Égypte, la Vierge, qui tient l'Enfant-Jésus étroitement serré dans ses bras, le présente à saint Jean. Deux anges joignent leurs hommages et présentent des fleurs et des fruits au Sauveur du monde.

Ce tableau a fait partie d'une importante collection d'Italie.

T. H. 1 m. 29 c., L. 1 m. 50 c.

LE MÊME.

15. — Tête de saint Pierre.

T. H. 85 c., L. 67 c.

GUERCHIN.

16. — Une scène de Lucrèce Borgia. L'instant représenté est celui où César, second fils naturel d'Alexandre VI, se montre coupable de la passion qu'il avait pour sa sœur et du meurtre de son aîné. Ce tableau, de la grande manière du Guerchin, est remarquable par l'expression et le mouvement des figures, et par la hardiesse de l'exécution.

T. H. 1 m. 15 c., L. 1 m. 70 c.

CANALETTI; Figures du Tiépolo.

17. — Vue du grand lac et des lagunes de Venise. On aperçoit l'église del Salute, et, plus avant, le quai d'où partent les gondoles, et sur lequel des personnages se promènent.

T. H. 1 m. 88 c., L. 2 m.

18. — Autre vue du grand canal et de la même

église. Beaucoup de figures sont éparses sur la terrasse qui borde l'ancien palais des doges.

Ces deux tableaux, qui font pendants, sont de grande dimension ; leur importance s'accroît encore des figures peintes par le Tiépolo avec une verve de touche, une adresse de pinceau et une vigueur de coloris merveilleuses. On admire aussi la juste disposition des plans, la réalité de la perspective, la profondeur de l'air, toutes ces qualités de premier ordre qui distinguent le Canaletti.

T. H. 1 m. 88 c., L. 2 m.

GUIDO RENI.

19. — Saint Augustin, revêtu de ses habits pontificaux, a les mains croisées sur la poitrine et le regard porté vers le ciel.

T. H. 1 m. 5 c., L. 83 c.

LE MÊME.

20. — Tête d'archange. Cette peinture est du ton clair et argentin, si recherché dans les ouvrages du Guide.

T. H. 57 c , L. 47 c.

LE MÊME.

21. — Le Christ étendu mort, soutenu par un ange et présenté à la vénération de saint François. Composition d'un style admirable et d'une exquise pureté de détails.

T. H. 59 c., L. 44 c.

GUARDI.

22. — Vestige de temple et ruines qui l'entourent,

avec figure d'homme à manteau et accostant un marchand.

T. H. 57 c., L. 41 c.

MURILLO (Barthélemi-Esteban).

23.—Portrait d'un grand d'Espagne, présumé don Juan d'Autriche, grand-prieur de Castille et commandant les armées du roi d'Espagne en Italie et en Flandre contre les Portugais. Ce personnage, vêtu de noir, est vu de trois quarts et plus qu'à mi-corps; sa main droite est appuyée sur le bras d'un fauteuil; sa tête ressort au-dessus d'une collerette d'un blanc harmonieux; une légère moustache couvre les lèvres; les cheveux sont courts, le front élevé et noblement arrondi; les yeux, la bouche, l'ensemble du visage ont une physionomie extraordinaire; il semble qu'on communique avec cette pensée intelligente qui éclate dans le regard. Le modelé du front et des joues est un prodige; il n'y a point de peinture qui réunisse plus de réalité frappante à plus d'élévation et de caractère. L'exécution, simple et sobre, a pourtant beaucoup de puissance et de richesse. Les mains sont dessinées avec une correction irréprochable. Ce portrait est, en un mot, un ouvrage de premier ordre, et qui soutient la comparaison avec toutes les peintures des plus grands maîtres.

T. H. 1 m. 19 c., L. 83 c.

LE MÊME.

24. — Une des trois Marie à genoux et en prière devant les instruments du supplice de Jésus. C'est une gracieuse figure, pleine de sentiment et de fi-

nesse. Murillo est incomparable pour rendre les ex-
tases et les impressions morales.

T. H. 51 c., L. 37 c.

LE MÊME.

25. — Laban, père de Lia et de Rachel, donne
l'une et l'autre de ses filles en mariage à Jacob, pour
le remercier de quatorze ans de services qu'il lui avait
rendus. Tableau d'une haute importance par sa dimension et le nombre de figures.

T. H. 1 m. 22 c., L. 2 m. 20 c.

RIBERA (José), DIT L'ESPAGNOLET.

26. — Les fiançailles du fils d'Abraham. Le pa-
triarche, au milieu de sa famille assemblée, discute
les points du contrat qui doit assurer l'union de son
fils avec la femme qu'Eliézer fut chargé de lui aller
chercher en Mésopotamie. Cette composition importante contient une douzaine de figures plus grandes
que nature ; sur le premier plan, il y a des vieillards
à cheveux blancs, des hommes à barbe noire, des
femmes et des enfants ; il y a des têtes fortement ca-
ractérisées, des membres nus, d'amples draperies. Il
y a tous les sujets nécessaires pour que Ribera pût y
déployer toutes les ressources de son vigoureux talent. Ribera est sans égal pour la hardiesse de la
brosse, pour l'abondance de la pâte, pour l'audace
des attitudes, pour l'énergie et l'étrangeté des figures, pour la solidité du modelé, la puissance de la
couleur, l'opposition de l'ombre et de la lumière, et
tous ces contrastes prestigieux qui naissent du clair-

obscur bien entendu. Toutes ces qualités se trou-
vent à profusion dans le tableau des fiançailles du
fils d'Abraham. L'homme presque nu et penché au
premier plan est peint avec une énergie que Ribera
seul a pu atteindre, laissant loin derrière lui, pour
cette vigueur d'exécution, son maître lui-même, le
grand Caravage, et son fougueux élève, le Salvator.
Tous les connaisseurs admireront ce tableau, l'un
des plus capitaux qui soient à Paris.

T. H. 1 *m.* 78 *c.*, L, 2 *m.* 33 *c.*

LE MÊME.

27. — Diogène, figure à mi-corps et tenant un
livre à la main. Caractère énergique et prononcé,
hardiesse dans la touche et d'une saisissante expression.

T. H. 1 *m.* 11 *c.*, L, 89 *c.*

ZURBARAN.

28. — Jésus portant sa croix, figure de grandeur
naturelle, remarquable par l'ajustement des draperies, dans lesquelles excellait ce peintre.

T. H. 1 *m.* 68 *c.*, L. 1 *m.* 26 *c.*

POUSSIN (GASPRE).

29. — Paysage, site pris aux environs des Alpes;
il est traversé par une rivière qui forme cascade en
se divisant. La grandeur du site, la sévérité de
l'exécution et cette mélancolie sauvage particulière
au Gaspre, recommandent cette belle peinture.

T. H. 91 *c.*, L. 1 *m.* 31 *c.*

FERRARI (Gaudenzio).

30. — Saint Antoine de Padoue, représenté debout dans le costume de son ordre et sous le patronage d'un seigneur portant la main droite à la garde de son épée.

B. H. 1 m. 20 c., L. 57 c.

LUINI (Bernardino).

31. — L'Enfant-Jésus est retiré de la crèche, et la Vierge se dispose à le présenter à saint Joseph. Parmi les ouvrages de Luini, celui-ci doit être distingué comme offrant dans les parties principales une analogie bien caractérisée avec les œuvres de Léonard de Vinci.

B. H. 45 c., L. 39 c.

BORDONE (Paris).

32. — Mars et Vénus. Tous deux goûtent les douceurs du repos sous un épais feuillage, et reçoivent de l'Amour la couronne qui doit cimenter leur union. Ce tableau est resté sous un vernis jaune et sale qui, lorsqu'il disparaîtra, rendra aux couleurs l'éclat brillant de la belle école vénitienne et toute la puissance d'un des meilleurs élèves de Titien.

T. H. 1 m. 32 c., L. 1 m. 33 c.

PERRINO DEL VAGA.

33. — La mort d'Adonis. Vénus est sur son char. L'Amour la conduit au corps inanimé de son amant.

T. H. 1 m. 23 c., L. 95 c.

PIETRE DE CORTONE.

34. — Le miracle de saint Augustin. En présence
d'un peuple assemblé, saint Augustin rappelle à la
vie une femme mourante, à laquelle on présente le
pan de son habit pontifical. Des bergers, des gens
du peuple assistent à cette scène touchante. (*Galerie du prince de la Paix.*)

T. H. 2 m. 87 c., L. 1 m. 98 c.

ROMANELLI (F.).

35. — L'Histoire écrit les hauts faits d'un guer-
rier, la Renommée les publie et le Génie des arts les
chante. Cette composition allégorique est une des
meilleures œuvres de cet excellent peintre, un des
plus habiles disciples de Pietre de Cortonne, dont on
admire les fresques à Rome, et au vieux Louvre l'histoire de Moïse.

T. H. 2 m. 20 c., L. 1 m. 92 c.

SCHIDONE.

36. — Sainte-Famille; ouvrage qui participe à la
fois des grâces du Corrége et du grandiose des Car-
rache.

B. H. 32 ½ c., L. 26 c.

ROSA (Salvator).

37. — Un lieu presque désert, avec l'épisode fa-
buleux du bûcheron redemandant à Mercure sa co-
gnée, est une des compositions favorables à la poé-
sie et à l'imagination singulière de ce peintre. Dans
ce paysage à effet de déclin du jour, il a placé un

2

arbre du plus large feuillé, et qui, par gradation, se détache sur un ciel nuageux.

T. H. 1 m. 20 c., L. 1 m. 66 c.

LE MÊME.

38. — Le supplice de Régulus. Cette composition, dans laquelle éclatent toute la fougue et l'âpreté du pinceau de ce maître, se trouve gravée par lui-même dans son œuvre. Il y a un grand nombre de figures dans les attitudes les plus variées et les plus énergiques : des hommes du peuple aux bras robustes, des guerriers revêtus de leurs armes, que le Salvator fait si bien. La lumière circule d'une façon bizarre et pittoresque entre ces groupes ; les terrains sont peints avec une fermeté extraordinaire, et le ciel est de la plus magnifique couleur.

T. H. 1 m. 55 c., L. 2 m. 20 c.

ROMAIN (Jules).

39. — La Vierge recevant les caresses de l'Enfant-Jésus, qu'elle tient étroitement dans ses bras. Tableau gravé dans la collection de Lucien Bonaparte, édition publiée à Londres. Les draperies sont disposées avec la noblesse de la grande école romaine, et la tête de la Vierge a ce caractère d'élévation propre au plus digne élève de Raphael.

T. H. 90 c., L. 75 c.

VÉRONÈSE (Paul).

40. — L'adoration des mages, tableau rapporté d'une des collections d'Espagne par M. Fabvier, in-

tendant militaire attaché à l'armée française. Dans cette composition . Paul Véronèse a déployé , comme de coutume, la fécondité de son imagination et l'éclat de sa couleur vénitienne. Les costumes brillants des Orientaux , avec leurs riches étoffes et tous les accessoires, prêtaient bien au talent du rival du Titien.

T. H. 1 m., L. 1 m. 84 c.

VÉRONÈSE (ALEXANDRE).

41. — Une scène du déluge. Les eaux n'ont point envahi le dernier coin de terre où se sont réfugiés des hommes et des femmes qui ont encore l'espoir de se sauver, qui s'entr'aident infructueusement. On aperçoit dans l'éloignement l'arche de Noé , qui porte la famille que Dieu a voulu préserver du désastre. Cette composition est traitée en grand maître, comme l'eût fait le Poussin ; elle participe, dans le nu, des beautés du Guide.

C. H. 51 ½ c., L. 68 ½ c.

SALARIO (ANDREA).

42. — La Vierge allaitant l'Enfant-Jésus.

B. H. 21 c., L. 15 c.

FERRATO (SASSO).

43. — La Vierge, vue à mi-corps et les mains croisées sur sa poitrine, est représentée dans des ajustements de couleurs variées et négligemment plissés autour de son corps. La tête se détache sur une auréole lumineuse et d'une dégradation de ton bien entendue. C'est une des belles figures du maître.

T. H. 89 c., L. 69 c.

LE MÊME.

44. — L'Enfant-Jésus dans les bras de la Vierge. Délicieuse composition inspirée des ouvrages de Raphael.

T. H. 75 c., L. 64 c.

SOLIMENE.

45.-46. — Deux tableaux ; grandes compositions tirées de l'Ancien-Testament, nombreuses en figures et d'un grand effet.

T. H. 1 m. 53 c., L. 2 m. 5 c.

TINTORET.

47. — Le Génie des arts et de l'architecture offre à un saint la dédicace d'un temple.

T. H. 1 m. 62 c., L. 2 m. 81 c.

VELASQUEZ.

48. — Le portrait d'un officier de haut grade dans le costume riche de l'époque ; il est décoré de la croix de fer, la main appuyée sur son casque et la partie supérieure du corps cuirassée; sa tête est nue et d'un caractère qui exprime au plus haut degré la bravoure, la loyauté et la franchise martiale.

T. H. 1 m. 15 c., L. 87 c.

LE MÊME.

49. — Portrait de Philippe IV, roi d'Espagne.

T. H. 1 m. 10 c., L. 90 ½ c.

LE MÊME.

50. — Portrait de la reine épouse de Philippe IV,

vue aussi à mi-corps et dans un vêtement noir de grande simplicité. Cette figure se détache sur un fond de draperie rouge très-harmonieux. La tête et les mains présentent le ton argenté si délicieux dans la riche couleur du maître espagnol.

T. H. 1 *m.* 10 *c.*, L. 90 ½ *c.*

LE MÊME.

51. — Portrait du frère de Philippe IV, roi d'Espagne. Il est représenté revêtu d'une cuirasse et portant écharpe rouge. Il provient de la collection du célèbre peintre Appiani de Milan, qui plus que tout autre était à même d'apprécier le mérite d'un portrait qu'il considérait comme supérieur pour la hardiesse du pinceau, l'exactitude du dessin et la grande ressemblance.

T. H. 69 *c.*, L. 53 *c.*

CANO (ALONZO).

52. — Job sur son fumier. Composition étrange, qui attire l'attention des artistes. La touche vigoureuse et heurtée, le contraste des couleurs, l'attitude bizarre de la femme de Job, les ténèbres qui entourent Job dans sa misère, font de ce tableau une scène tout-à-fait fantastique.

T. H. 59 *c.*, L. 92 *c.*

ÉCOLES
Hollandaise, Flamande et Allemande.

BREUGHEL, KESSEL (Van) et COQUES (Gonzales).

53. — Jésus chez Marthe et Marie. Le Christ est assis ; Marthe s'apprête à le recevoir, à en juger par les accessoires d'un repas auquel elle doit donner ses soins. Marie, sous le costume d'une femme mondaine, est assise et tient un livre de prières. A droite, des échappées de paysage et parc. Chacun de ces peintres, par son caractère distinctif, a concouru à rendre dans ce tableau, sorti de la collection de Middelbourg, toutes les qualités qui ont souvent fait rechercher cette trinité de talents.

B. H. 53 c., L. 73 c.

BACCHUYSEN.

54. — Une grande étendue de mer, agitée dans tous les sens, et sur laquelle naviguent des barques à voiles. On aperçoit sur un plan plus éloigné un beau vaisseau à trois mâts, dont tout le gréement est déployé.

Indépendamment d'une belle ordonnance dans la disposition des bâtiments agités par le jeu des vagues, ce tableau est remarquable par la beauté du ciel richement nuagé et qui offre des oppositions de lumière du plus bel effet.

T. H. 65 c., L. 1 m.

BERGHEM (N).

55. — Le retour du marché. Par un soleil brûlant, touchant à son déclin, des villageois ramènent leur troupeau de bestiaux. Chargés de provisions, ils s'acheminent dans une vallée bordée de hautes montagnes à l'horizon, et qui laissent encore entrevoir une échappée de campagnes et des fabriques. Un paysan, portant un sac et suivi de son chien, enrichit le premier plan.

C'est dans la collection Séguin que ce tableau est resté long-temps. Cet amateur, qui possédait les chefs-d'œuvre des écoles hollandaise et flamande, comptait celui-ci au nombre de ceux qu'il affectionnait.

T. H 49 c., L. 55 c.

DIETRICY.

56. — La présentation au temple. Le pontife tient sur ses genoux le fils de la Vierge et le présente à la vénération des fidèles et des primats de l'église. Plus de vingt figures concourent à la composition de ce délicieux tableau, offrant toutes les qualités qui rappellent Rembrandt et les peintres sortis de sa brillante école.

T. H. 46 c., L. 65 c.

DOW (Gérard).

57. — La mère de Gérard Dow, tenant dans ses bras son chat favori. Elle porte le costume simple de cette époque, et sa physionomie, quoique altérée par le temps, a encore conservé quelque chose de

noble dans les traits. Ce tableau provient de la collection du cardinal Fesch ; il est d'une finesse et
d'une perfection rares.

B. H. 23 *c.*, L. 19 *c.*

LE MÊME.

58. — Religieux à longue barbe et les yeux fixés
sur un livre de prières. Il provient de la collection
de Middelbourg.

B. H. 15 ½ *c.*, L. 12 ½ *c.*

LE MÊME.

59. — Petit portrait d'homme à toque, et portant
un manteau à fourrure.

B. H. 14 ½ *c*, L. 12 *c.*

FRANCK (F).

60. — Saint Ambroise tombe en extase, à l'appa-
rition du Christ ; deux anges le soutiennent.

C. H. 32 ½ *c.*, L. 24 ¼ *c.*

HONDERKOETER (MELCHIOR).

61 et 62. — Une réunion considérable de fruits
de la plus belle espèce , avec accessoires de vase
d'argent, vuidercome en or, tapis et fleurs, et pour
pendant des perroquets de toute variété, une famille
de chiens. Ces deux tableaux de place offrent encore
des paysages d'une grande force de couleur.

T. H. 1 *m.* 84 *c.*, L. 1 *m.* 73 *c.*

SWANDWELDT (HERMAN), dit HERMAN D'ITALIE.

63. — Paysage traité tout-à-fait dans le style élevé
de Claude le Lorrain. Il représente une partie de

rivière, bordée d'arbres qui se reflètent dans les eaux et sur le devant d'une pelouse verte et fraîche. Une jeune fileuse et un pâtre gardent un troupeau de vaches. Il provient de la collection Seguin.

T. H. 99 c., L. 1 m. 21 c.

HACKERT.

64. — Paysage de la plus belle qualité du maître et enrichi de figures de muletiers voyageurs dues au pinceau de Lingelback. Laissant sur la gauche de ce point de vue de paysage une masse de rochers couverte en partie d'arbres qui la tapissent de leur ombrage, on aperçoit dans le lointain une vaste campagne dont les lignes sont admirablement dégradées et souvent interrompues par des fabriques et des plantations variées. Ce paysage à effet de soleil participe dans tout son ensemble des beautés de J. Both pour le jeu des effets de lumière, les vapeurs aériennes et cette éloquente simplicité qui a mis Hackert au nombre des princes du paysage dans l'école hollandaise.

T. H. 1 m. 8 c., L. 1 m. 28 c.

LE MÊME.

65. — Un autre délicieux paysage de forme en hauteur, représentant un bois traversé par une route sur laquelle sont une femme et un enfant ; à droite est une mare d'eau. Tout le paysage se ressent de la chaleur atmosphérique d'un beau soleil d'été. Dans cette heureuse composition, Hackert s'est élevé à la hauteur des premiers paysagistes.

T. H. 1 m. 32 c., L. 2 m.

LE MÊME.

66. — Un vaste paysage dont les lignes sont interrompues par des montagnes et des masses de rochers ; vers la gauche est une grande route tournante sur laquelle une femme, montant un cheval blanc, chemine avec un paysan.

T. H. 65 c., L. 48 c.

MOUCHERON (Frédéric) et VANDEVELDE (Adrien).

67. — Un des jolis paysages de ce maître, et qui ne laisse à désirer qu'une plus grande dimension ; mais dans sa grandeur mesurée il comporte toutes les qualités d'un beau et grand tableau, par la multitude des lignes, des plans et des arbustes de toute grandeur et de toute espèce, par un heureux effet de soleil. Un cavalier, suivi de ses chiens, abreuve son cheval à une mare d'eau. (*Collection de Middelbourg.*)

B. H. 28 ½ c., L. 33 ¼ c.

FYT (Jean.)

68. — Gibier et ustensiles de chasse ; en dehors d'un panier sont des perdrix et des bécasses. A ces objets de détail sont encore ajoutés un lièvre suspendu par la patte, un fusil, une carnassière, et tout cela n'est que le résultat d'un jeu de palette qui atteste la facilité et l'esprit dans la touche de cet excellent peintre.

T. H. 95 c., L. 1 m. 22 c.

LE MÊME.

69. — Lièvre suspendu par une corde, et petits oiseaux de chasse ; le tout se détachant sur un fond de muraille très-harmonieux.

B. H. 86 c., L. 60 c.

MOORO (Antoine).

70. — Le portrait d'une dame de qualité, vêtue de riches étoffes et ajustée d'une collerette.

B. H. 1 m. 4 c., L. 84 c.

MOLENAERT (Claes).

71. — L'intérieur d'un musico hollandais.

Un joueur de violon captive l'attention d'un concours nombreux d'assistants qui se délectent et s'enivrent au son d'un instrument avec lequel il accompagne une forte et robuste chanteuse. Ce tableau, d'une belle dimension, offre l'aspect le plus récréatif ; on y voit autour d'une table une foule de convives à figures joviales. Une jeune servante se défend même des attaques burlesques d'un vieillard entreprenant. *(Collection de Middelbourg.)*

T. H. 1 m 5 c., L. 1 m. 51 c.

MIERIS (Guillaume).

72. — Joseph et Putiphar. L'instant représenté est celui où Joseph échappe à la séduction impudique de Putiphar.

T. H. 44 ¼ c., L. 33 ½ c.

NICKELLE (Isaac.)

73. — Vue de l'intérieur d'un palais. L'architecture, riche et variée à l'infini, se complique d'ornements de toute sorte, de colonnes, pilastres, chapiteaux, et de sculptures extrêmement fines. Sur un vaste péristyle, au-delà duquel est une vue perspective de parc avec des arbustes et des jets d'eau, on remarque plusieurs personnages très-élégants, entre autres trois cavaliers qui saluent une femme. Isaac Nickelle est très-peu connu en France ; mais la perfection de son talent lui mérite une des premières places entre les peintres d'intérieur. Personne ne le surpasse pour l'illusion des perspectives, la distribution des plans et le jeu de la lumière entre tous les détails de l'architecture. Ce tableau, signé, provient aussi de la Collection de Middelbourg.

T. H. 65 c., L. 58 c.

OSTADE (Adrien van).

74. — Le joueur de vielle. Un paysan, appuyé sur la porte de sa maison, contemple le musicien ambulant que suivent les enfants du village. Une treille serpente le long des murailles de la maison rustique. Tous les détails de la vie champêtre sont traités avec une finesse admirable. Ostade surpasse tous les Flamands pour la naïveté de ses figures ; les enfants, surtout, rappellent les figures de l'*École* qui est au Louvre. Le joueur de vielle est comparable à ce chef-d'œuvre du Musée et à l'*Estaminet*, cet autre chef-d'œuvre du palais du roi à La Haye. C'est

la même perfection , la même harmonie de couleur ,
la même richesse de ton , la même délicatesse d'exécution. (*Collection du marquis de Calvière.*)

B. H. 25 ½ c., L. 21 c.

OSTADE (Isaac).

75. — Intérieur d'une ferme. Près d'une étable,
dont la toiture est formée de paille , sont des plan-
ches mal assemblées, un tonneau à moitié renversé.
Les artistes s'extasient devant cette peinture riche et
facile , exécutée du premier coup, si abondante et si
lumineuse. Avec ce sujet simple et vulgaire , Isaac
Ostade a su faire un excellent tableau.

B. H. 37 c., L 32 ½ c.

LE MÊME.

76. — Une des villes de la Hollande , dont les
principales constructions bordent une rivière sur laquelle le peintre a placé une multitude de figures
de patineurs. Dans ce petit tableau règne une chaleur de tons qui colore toutes les parties d'une manière magique ; c'est une œuvre d'esprit et de goût
qui décèle encore le mérite éclatant des peintres
hollandais, qui savaient produire beaucoup avec si
peu d'éléments.

B. H. 39 ½ c., L. 61 c.

PETERNEEFS.

77. — L'intérieur de la cathédrale d'Anvers. Des
cavaliers assistent à un office dans une chapelle; un
gentilhomme fait l'aumône , et sur les parties latéra-

les des chapelles, à des distances d'optique bien observées, partout des détails fidèlement rendus, soit un buffet d'orgue, soit un mausolée qui, placé heureusement, interrompt la régularité et donne l'opposition des ombres et des lumières. On a dit de Péterneefs que l'exécution de la cathédrale d'Anvers lui était si familière qu'il la savait par cœur.

B. H. 4o c., L. 62 c.

RUISDAEL (J.)

78. — Le champ de blé. C'est l'aspect d'un pays plat dont l'étendue est immense et se prolonge à la distance de tout ce que l'œil peut embrasser. On aperçoit au loin un village dont le clocher s'élève au-dessus d'un massif d'arbres ; en avant, un canal bordé de restes de tourelles en pierre et brique. Cette vaste campagne est éclairée par un effet de soleil qui perce des nuages accumulés et vient frapper sur une plaine dorée d'épis et de gerbes de blé. (*Collection du marquis de Clavière.*)

T. H. 43 c., L. 42 c.

LE MÊME.

79. — Un autre paysage de la composition la plus simple ; elle offre sur le haut d'une butte une maisonnette rustique entourée de plantes et broussailles étagées sur la pente d'une colline ; un massif d'arbres la couvre de son ombrage et un chemin conduit aux eaux d'un moulin.

B. H. 48 ½ c., L. 68 c.

LE MÊME.

80. — Un moulin à vent au bord de la Meuse; la
rive gauche du fleuve offre encore, comme du temps
de Ruisdael, le même aspect et le même caractère ;
rien n'est changé, on croit avoir vu ce petit tableau
tout composé entre Dordrecht et Rotterdam ; Ruisdael y a ajouté la magie de son pinceau; il a admirablement encadré dans le ciel ce joli moulin si pittoresque, il a placé à propos quelques fabriques dans les
arbres, il les a habilement réflétées dans l'eau, et
cet autre petit moulin qu'on voit au fond compose et
motive bien le moulin principal. Là, Ruisdael est
comme chacun l'aime : sa qualité est précieuse, sa
composition est charmante et sa dimension des plus
agréables. Nous recommandons ce délicieux tableau
à l'appréciation de messieurs les enthousiastes de ce
grand peintre; il provient de la collection de Calvière.

B. H. 25 c., L. 35 c.

REMBRANDT.

81. — Portrait de sa femme. Ses cheveux blonds
retroussés laissent voir un front proéminent et bien
modelé, sur lequel glisse la lumière. Les traits
sont fermement dessinés et d'une expression saisissante. Un collier de perles entoure le col grassement
arrondi, et un collier d'or retombe sur une robe d'é-
toffe ponceau. Mais ces accessoires, d'un pinceau
abondant et facile, sont dissimulés dans le clair-obs-
cur pour concentrer tout l'intérêt sur cette tête puissante, qui brille comme un diamant au milieu de sa

monture. Ce portrait est de la force du *Sylvius* et de la *Femme aux gants*, les deux chefs-d'œuvre du maître.

T. H. 59. c., L. 48 c.

LE MÊME.

82. — Portrait de dame hollandaise, et devant être celui d'une femme de haute distinction, à en juger par son ajustement et ses parures. La tête est en pleine lumière et fermement accusée, les étoffes et la collerette font valoir la figure ; les mains sont bien modelées et d'une belle couleur. (*Collection du marquis de Montbrian-D'aix.*)

T. H. 1 m. 10 c., L. 92 c.

RUBENS.

83. — Le portrait d'une des femmes de Rubens, vue presque de face et la tête coiffée d'une gaze formant voile. Cette petite toile offre toutes les qualités supérieures du grand peintre, une touche libre et magistrale, un éclat de couleur extraordinaire.

T. H. 52 c., L. 38 c.

LE MÊME.

84. — Sainte-Famille. La Vierge assise tient sur ses genoux l'Enfant-Jésus debout et nu ; sa main droite l'entoure avec sollicitude, et sa main gauche touche le petit pied de l'Enfant ; la robe écarlate fait ressortir le ton des chairs. Saint Joseph, derrière la Vierge, et la tête appuyée sur la main, contemple ce divin groupe que sainte Anne enveloppe de ses deux bras. Cette composition importante est de la

plus belle couleur de Rubens. On admire particulièrement le corps de Jésus, qui est modelé avec une
aisance supérieure.

T. H. 1 *m.* 24 *c.*, L. 92 ½ *c.*

LE MÊME.

85. — Andromède attachée au rocher. L'Amour,
précurseur de sa délivrance, lui indique l'arrivée de
Persée. (Ayant fait aussi partie de la *galerie du marquis de Grimaldi, à Gênes.*)

T. H. 1 *m.* 82 *c.*, L. 1 *m.* 13 *c.*

LE MÊME.

86. — Une reine d'Aragon dans un costume de
grande représentation; elle porte une robe de satin
moiré, rehaussée de broderies en or, et sur laquelle
retombe un magnifique collier en perles fines; autour de son col se détache une collerette dentelée.
Des traditions certaines indiquent que ce portrait a
été exécuté en Espagne avec cette liberté de pinceau
dont Rubens a fait usage dans toutes les cours étrangères, où chaque souverain voulait avoir de ses ouvrages.

T. H. 1 *m.* 67 *c.*, L. 1 *m.* 28 *c.*

LE MÊME.

87. — Saint Christophe présente le Christ à la vénération des anges, qui lui offrent des fleurs.

T. H. 2 *m.* 38 *c.*, L. 1 *m.* 90 *c.*

LE MÊME.

88.—Vénus cherchant à retenir le dieu Mars; es-

3

quisse allégorique du beau tableau que la France a possédé, et restitué depuis à la galerie de Florence. Cette esquisse fougueuse est un miracle de peinture pour la transparence des tons, la vivacité des attitudes et l'expression des figures. On voit le premier jet du génie le plus fécond qui ait illustré son art. (*Collection du marquis de Calvière.*)

B. H. 49 c., L. 75 c.

LE MÊME.

89. — La rencontre de David et Abigaïl. Le monarque, accompagné de soldats, reçoit les présents de la femme de Nabal.

B. H. 44 ½ c., L. 68 c.

LE MÊME.

90. — La chasse aux lions; composition colossale préparée sur carton pour être exécutée en grand.

T. H. 3 m. 15 c., L. 2 m. 90 c.

RUBENS et VAN UDEN.

91. — Les amours et les zéphirs moissonneurs; association heureuse de deux grands coloristes. L'un, aussi habile à peindre les grâces que la force; l'autre toujours facile et constamment au diapason du pinceau de Rubens, dont il était fréquemment le collaborateur.

T. H. 54 c., L. 91 c.

JAN VAN BOOCKORST (dit VAN LANGHEN).

92. — Dame de condition dans le costume de chasseresse, accompagnée de femmes et de serviteurs

suivis de chiens et entourés d'accessoires de chasse.

T. H. 1 m. 88 c., L. 2 m. 4 c.

VANDERWERF (Chevalier).

93. — Enfant paraissant à l'embrasure d'une croisée et tenant une cage ; près de lui une toque à
plumes.

B. H. 22 c., L. 18 ½ c.

VANDEVELDE (Adrien).

94. — Une jeune fille assise sur un tertre baigne
ses jambes ; auprès d'elle, deux belles vaches et trois
moutons sont au repos sur une pelouse de verdure ;
un peu plus loin , une vache rousse vient s'abreuver.
Ces différents groupes de figures et animaux se détachent sur un fond de paysage légèrement boisé.
Encore un de ces délicieux tableaux qui complètent
si bien une collection de maîtres hollandais , et dont
les prix élevés sont assimilés à ceux de Berghem ,
Carel Dujardin et Wouvermans. Les ventes célè-
bres , et surtout celle du chevalier Erard , en sont la
preuve. (*Collection Calvière.*)

T. H. 29 ½ c., L. 40 c.

VANDEVELDE (G.).

95. — Point de vue de la Meuse par un temps
calme ; on aperçoit au loin des navires et sur le devant une barque marchande.

B. H. 15 c., L. 26 c.

STEEN (Jean).

96. — La petite fille punie. On lui donne pour

correction un bonnet à oreilles d'âne, une pancarte
portant l'inscription de son délit; sa sœur la promène
ainsi accoutrée dans le village, mais un paisible ci-
toyen, ému de la position de la jeune pénitente, lui
donne une pièce de monnaie; deux enfants, dont un
tient un moulin et l'autre un cerceau, sourient ma-
licieusement à la petite condamnée qui arrive tris-
tement devant son père assis et disposé à lui pardon-
ner; dans le fond, une vieille s'entretient avec le
magister. Toutes ces figures, au nombre de onze,
se détachent sur un fond de maison rustique; une
auge à pigeon, un pot d'œillet et un panier suspendu dans une embrasure de fenêtre, sont les accessoires qui ornent ce délicieux tableau, un des plus
importants du maître et choisi dans la *collection de
Middelbourg*.

B. H. 58 ½ c., L. 50 c.

LE MÊME.

97. — Une bohémienne reçoit une pièce de monnaie d'un vieillard; une petite fille regarde, avec
l'attention de son âge, les traits devenus disgracieux
de la vieille.

B. H. 24 ½ c., L. 21 c.

SLINGELANDT.

98. — Un intérieur de chambre hollandaise. Une
femme tire de l'eau d'une pompe, deux autres femmes
lavent à un baquet; sur le devant du tableau, un
plat de moules, un balai, un tonneau et un pot
d'étain renversé. C'est ainsi que les Hollandais com-
posaient leurs tableaux de genre, plus ou moins

fournis en accessoires , sans autre luxe que la richesse dans le pinceau. Ce tableau, de la plus belle qualité du maître, provient de la *collection de Middelbourg.*

B. H. 41 ½ c., L. 35 c.

SCKALKEN.

99. — Scène de mascarade à la lueur du flambeau. Petit tableau de forme cintrée.

B. H. 15 ½ c., L. 12 c.

SNEYDERS (F.).

100. — Combat d'un jeune taureau contre des loups.

101. — Ours attaqués par des tigres.

102. — Cheval saisi par des lions.

103. — Lutte d'un sanglier contre des chiens.

Rubens, qui savait apprécier le talent, fut un des premiers à vanter celui de Sneyders, et se servit de son pinceau pour peindre les fruits et les animaux dans beaucoup de ses ouvrages; même feu, même richesse de couleur et hardiesse d'exécution. Deux de ces tableaux furent peints pour Philippe III, roi d'Espagne, et les deux autres pour l'archiduc Albert. Les quatre tableaux sont de même dimension.

T. H. 2 *m.* 40 *c.*, L. 3 *m.* 22 *c.*

LE MÊME.

104. — La Création. Ce tableau est le pendant de *l'Entrée des animaux dans l'arche de Noé,* qu'on

voit au musée du Louvre (N° 739); il est mentionné dans la vie de Sneyders par Descamps.

Il représente le paradis terrestre avec une foule d'animaux et d'oiseaux de toute espèce, de grandeur naturelle, au premier plan; au second plan, et comme épisode, Dieu tire la femme de la côte d'Adam.

T. H. 2 m. 31 c., L. 3 m. 60 c.

LE MÊME.

105. — Les chiens affamés; un d'eux, d'une taille monstrueuse, se jette sur des viandes qui lui sont données.

T. H. 1 m. 20 c., L. 1 m. 65 c.

TENIERS (D.).

106. — Le médecin aux urines. Un docteur empirique, entouré de toutes ses fioles et d'une multitude de paquets de médication, est consulté par une vieille femme; on voit, dans le fond de son laboratoire, une fille occupée aux soins du ménage.

T. H. 32 c., L. 44 c.

VAN DYCK (ANT.).

107. — Son portrait vu de trois quarts, la tête nue, et vêtu d'un costume génois; il porte le collier de l'ordre de la Toison-d'Or. Ce portrait, peint à Gênes, n'est jamais sorti de cette ville qu'à l'époque où le possesseur actuel l'a acheté. On le regardait comme un des plus fins, des plus suaves, parmi ceux qu'il a répétés dans toutes les villes importantes où il s'est arrêté.

B. H. 71 c., L. 59 ½ c.

LE MÊME.

108. — Portrait d'homme vu de trois quarts. Ses grands cheveux chatains retombent sur ses épaules ; sa main gauche, finement dessinée, est appuyée sur le dossier d'un fauteuil. On aperçoit une échappée du ciel par une fenêtre ouverte. C'est une élégante peinture digne du maître.

T. H. 99 c., L. 76 c.

LE MÊME.

109. — Le repos de la Sainte-Famille. Des anges et des archanges célèbrent par des chants et des danses la présence mystérieuse de l'Enfant-Jésus. (*Collection Calvière.*)

T. H. 20 c., L. 25 c.

LE MÊME.

110. — Un jeune prince de la maison d'Orange, vêtu d'un manteau de velours rouge : on le voit dans l'intérieur d'une forêt et suivi de ses chiens. La galerie de Windsor, si riche en beaux portraits de Van-Dyck, en possède plusieurs de cette époque où l'on retrouve le grand peintre au plus haut degré de force, à ces moments heureux où l'on peut presque dire que la nature se rencontre avec l'âme de l'artiste, au bout de ses pinceaux.

T. H. 1 m. 45 c., L. 1 m. 13 c.

LE MÊME.

111. — La mort d'Adonis. Le corps, étendu à l'entrée d'une forêt, est soutenu par Vénus, anéantie à la vue de la blessure qu'il vient de recevoir : l'Amour

jette un cri d'effroi, et brise son arc ; les chiens qui suivaient l'infortuné favori de la déesse restent sans mouvement à la vue de ce corps inanimé. Ce tableau participe des beautés de l'école italienne, dont le peintre s'est inspiré. (*Collection Grimaldi , de Gênes.*)

T. H. 1 m. 60 c., L. 2 m. 12 c.

WYNANTS (J.).

112. — Sous le n° 62 du catalogue de la *collection de l'Élysée,* ce tableau est intitulé : *le Terrain sablonneux.* Un paysage accidenté de broussailles **et** semé de cailloux sur un chemin creux qui le traverse dans presque toute son étendue. La partie gauche offre en saillie deux troncs d'arbres dépouillés de leurs feuilles, et garnis de grandes plantes bien épanouies, qui se développent autour d'eux, et présentent une surface large et de la plus éclatante couleur. Les figures, qui sont peintes par Adrien Vande-Velde, doublent l'intérêt et la valeur de cet admirable paysage, qui a fait partie de la *collection de M. Catalan.*

T. H. 33 c., L. 35 c.

VANTOL (Dominique).

113. — Vieille dame hollandaise arrosant un pot d'œillets. Elle est vue dans une embrasure de croisée, le coude droit appuyé sur un tapis; près d'elle, une cage d'oiseaux et une paire de balances.

B. H. 26 ½ c., L. 23 c.

VAN HUYSUM (Jan).

114. — Des fleurs suspendues par un ruban pendent sur un fond d'embrasure de croisée. Ce bouquet est formé de roses des trois plus belles couleurs, d'une tulipe, d'un œillet et d'autres fleurs éclatantes. Dans ce tableau, qui a fait aussi partie de la *collection de Middelbourg*, l'imitation est portée aussi loin qu'il est possible de la concevoir, et la supériorité d'exécution se manifeste dans toute sa valeur ; c'est la perfection, autant qu'il est permis aux hommes de s'y élever.

T. H. 50 c., L. 38 c.

WOUWERMANS (Ph.)

115. — Près d'une tente, des cavaliers sont arrêtés ; un trompette, un officier prenant le coup de l'étrier ; un autre cavalier descendu de cheval, des enfants et une cantinière. On devrait, à l'égard de certains peintres, s'abstenir de tout éloge, le nom seul de l'artiste le prononce, car tout le monde connaît le mérite et la supériorité des batailles, des chasses, des marchés aux chevaux et des haltes de cavalerie de Wouvermans. C'est dans ce dernier choix de sujets que sont les deux tableaux que nous possédons, et qui sont exempts de ces teintes grises et molles qui, par excès de délicatesse, dégénèrent en abus ; ils sont peints d'une manière énergique, et de cette touche ferme et légère qui rend la nature sans affectation.

B. H. 25 ½ c., L. 41 c.

LE MÊME.

116. — Un cavalier, escorté d'un garde, est descendu de cheval, et profite de la présence d'une bohémienne pour faire tirer son horoscope. Cette scène occupe le milieu du tableau, dont toute la partie gauche offre la vue d'un bouquet d'arbres qui protège de son ombrage une famille pauvre. Tout, paysage et figures, se détache sur un ciel brillant et bien nuagé. Ces coursiers à l'amble, d'une forme gracieuse et noble, inspirent des idées si douces, si tranquilles, qu'on a de la peine à s'en séparer. Les temps viendront où les ouvrages de Ph. Wouvermans, déjà très-rares aujourd'hui, ne se trouveront pour aucun prix ; d'années en années, ils disparaissent.

B. H. 25 ⅓ c., L 41 c.

LE MÊME.

117. — Cavalier descendu de cheval ; petit échantillon du plus beau faire.

B. H. 24 c., L. 19 c.

VAN ROMEYN (W.).

118. — Quatre moutons, deux béliers et une vache blanche, sont au pâturage dans un fond de vallée bordée par une haie ; des plantes, des troncs d'arbres enrichissent le premier plan de cet excellent tableau qui est de la belle qualité du maître.

T. H. 52 c., L. 65 c.

VERBOEKHOVEN, DE BRUXELLES (E. J.).

119. — Combat de taureaux, l'un blanc et l'au-

tre de couleur roussàtre. Ces deux lutteurs, dont l'animosité est poussée à outrance, se heurtent si violemment, que l'un d'eux est prêt à succomber aux attaques de son adversaire. Cette scène, qui devient sanglante, se passe dans une campagne et sur un terrain vigoureusement éclairé; trois vaches inoffensives paissent tranquillement à une légère distance. Nous offrons au public cette œuvre de M. Verboeckhoven comme une de celles dont il a été le plus satisfait.

T. H. 1 *m.* 40 *c.*, L. 1 *m.* 69 *c.*

BOURGUIGNON.

120. — Choc de cavalerie, et lutte violente entre des officiers et des soldats. A distance de cette mêlée désastreuse, on découvre un champ de bataille et une ville assiégée.

T. H 56 *c.*, L. 92 *c.*

LE MÊME.

121. — Au dehors d'une ville accessible par un pont, on voit, sur un espace de terrain, des cavaliers engageant une lutte meurtrière. C'est sans doute une des scènes que le peintre saisit sur les lieux, lorsqu'il s'occupait à dessiner les campements, les

siéges, les marches et les combats dont il était té-
moin.

T. H. 71 c., L. 1 m. 44 c.

GREUZE (J.-B.).

122. — Tête de bacchante. Cette figure est pleine
de charme, d'expression et de vie. On blâme Greuze
d'avoir trop répété les mêmes caractères de têtes;
mais quel est le peintre fameux à qui l'on n'ait pas
ce reproche à faire? Il vient de l'idée qu'on s'est faite
du beau, qui nous entraîne plus particulièrement
vers certaines formes; les siennes plaisent même
avec leur imperfection; c'est un titre de plus à sa
gloire.

T. H. 46 c., L. 36 ½ c.

NICOLAS POUSSIN (Attribué a).

123. — Orphée et Eurydice occupés à cueillir des
fleurs sur les bords d'un fleuve ; Eurydice est piquée
par un serpent, et meurt peu après son hyménée,
en présence de son époux, qui charmait, par les ac-
cents de sa lyre, les compagnes de cette infortunée.
Ce tableau a été acheté à Rome par Lethière, pour
le prince Lucien ; il y était regardé comme une
grande et première pensée exécutée peut-être avec
rapidité, mais avec un sentiment profond.

T. H. 1 m. 24 c., L. 2 m. 2 c.

LE LORRAIN (Claude).

124. — Délicieuse marine à effet de soleil cou-
chant, indiquant une légère agitation dans le mou-

vement des eaux. Soit que la nature le lui ait indiqué, soit qu'il ait voulu donner de la variété à son site, il a placé, vers la partie droite, un massif d'arbres qui se détachent majestueusement sur un ciel chaudement éclairé. En opposition, on aperçoit une proue de navire, et plus en avant encore, une frêle embarcation qu'attend un cavalier assis sur le bord de la mer, et occupé à dessiner. La lumière, à cette heure du jour, est raisonnée dans son effet avec un art admirable ; on juge de la profondeur de l'espace et de l'immensité de l'air. Ce tableau, dans sa dimension de chevalet, résume tout le talent de ce grand peintre, qui sentait bien mieux que le désordre des tempêtes le calme attendrissant de la nature. (*Collection Calvière.*)

T. H. 33 *c.*, L. 48 *c.*

LE MÊME.

125. — Un paysage tout-à-fait arcadique, et dont l'éclat de lumière indique le commencement d'une fraîche matinée. Le premier plan offre un terrain paré de plantes, d'herbes fleuries et de troncs d'arbres ; un berger joue de la flûte en gardant ses moutons. Au second plan, une rivière qui sépare une vaste campagne dont le prolongement s'étend jusqu'au pied des montagnes, et dont l'intervalle est brisé par un reste d'amphithéâtre romain. A gauche et dans un massif d'arbres, on aperçoit les colonnes, restes d'un temple antique. Un ciel chargé de quelques nuages, et que dégrade harmonieusement le lever du soleil. Ces deux tableaux de Claude Lorrain

sont irréprochables et tout-à-fait dignes du grand peintre français.

T. H. 5o c., L. 69 ½ c.

VALENTIN.

126. — Réunion de cinq personnages, dont deux sont occupés à jouer aux cartes; deux autres font une partie de dés, et un cinquième, d'intelligence avec un des joueurs, lui indique, en lui montrant deux doigts, le nombre de points de son adversaire. Une exécution vigoureuse, une couleur puissante, une science parfaite des rapports de l'ombre et de la lumière, recommandent ces deux compositions importantes aux amateurs de la grande peinture.

T. H. 1 m. 20 c., L. 1 m. 5o c.

LE MÊME.

127. — Un guitariste charme les oreilles d'un jeune cavalier, tandis qu'un soldat cuirassé verse du vin dans un verre et qu'un autre s'apprête à fumer. Pendant du précédent tableau.

T. H. 1 m. 20 c., L. 1 m. 5o c.

WATEAU.

128. — La leçon de musique.

129. — La sérénade.

13o. — La danse à l'espagnole.

131. — La partie carrée, ou Pierrot et Colombine.

Quatre sujets très-divertissants, et qui paraissent avoir été commandés pour l'ornement d'un salon. Apportés d'Espagne par le comte de S...,

T. H. 98 c., L. 1 m. 4 c.

VERNET (J.).

132. — **La tempête.** Tous les élémens sont déchaînés dans ce tableau ; la foudre tombe sur la ville qu'on aperçoit au loin, le ciel est chargé de nuages qui s'entrechoquent et se déchirent, le vent souffle avec la plus grande impétuosité et pousse contre des écueils quelques débris de navires ; tout est agité, le ciel, les flots et les arbres. Des figures savamment peintes enrichissent cette composition, dont chacun peut se rappeler l'estampe gravée par Balechou.

T. H. 99 *c.*, L. 1 *m.* 36 *c.*

OBJETS D'ART ET DE HAUTE CURIOSITÉ,

**Marbres et Ivoires sculptés, Bronzes floren-
tins, Armes et Armures du XVIᵉ siècle,
Émaux, Meubles en marqueterie, Tapisseries des Gobelins, etc., etc.**

Ces objets seront vendus dans l'ordre numérique dans
lequel ils sont catalogués.

PREMIÈRE VACATION.

1. — Eve, petite figurine en bronze, sur voile
en griotte.

2. — Vénus drapée, bronze italien, sur socle en
bois noir.

3. — La Renommée, petite figurine drapée, dont
les ailes et la trompette manquent. Bronze italien.

4. — La Vierge et l'Enfant-Jésus entourés d'anges;
bas-relief italien en fonte de cloche.

5. — Vase à godrons, fond bleu et arabesque d'or;
émail italien.

6. — La Madeleine mourante, figurine couchée,
en ivoire.

7. — Une râpe à tabac en ivoire, ornée d'un bas-relief représentant Sylvain et des attributs pastoraux.

8. — Tête de dragon en bronze florentin, ayant servi d'anse à un vase.

9. — Deux figurines en bronze; vestales drapées.

10. — Le buste de Sénèque; bronze italien de petite proportion.

11. — Vase formé d'un coco; la monture, en cuivre doré, est enrichie d'ornements en relief et d'arabesques gravés; travail du XVIe siècle.

12. — Petit coffret en cuivre découpé à jours, avec ornements gravés; ouvrage du XVIe siècle.

13. — Deux vases en marbre blanc, peints en vert pour imiter la porcelaine; belle monture avec anses formées par des serpents en cuivre doré.

14. — Un violon très-curieux, recouvert d'ornements marquetés en ivoire, écaille et nacre de perle.

15. — Beau Christ en bois, dans un cadre sculpté et doré.

16. — Un marteau de porte, en bronze italien, formé d'un beau mascaron et de figures chimériques.

17. — Jolie petite figurine d'enfant tenant des

fruits; bronze doré, de travail italien, du XVIe
siècle.

18. — Cassolette à trépied formé par des cariatides; le couvercle est orné de mascarons et surmonté
d'une figurine; bronze italien, travail du XVIe
siècle.

19. — Bacchus couronné de pampres, buste avec
chlamyde dorée.

20. — Sylène couronné de pampres; buste avec
parties dorées. Ces deux bronzes italiens sont destinés
à faire pendants.

21. — La Vénus hermaphrodite, couchée, en
marbre blanc; figure de petite proportion.

22. — Petite statue de Diane debout; elle tient un
arc et divers attributs de chasse; marbre blanc.

23. — Deux cassolettes italiennes en cuivre doré.
Elles ont la forme de rotonde avec pilastres, et sont
surmontées de coupoles à jour; l'extérieur est décoré
d'arabesques en relief du meilleur goût.

24. — Espèce de candélabre en bronze florentin,
dont le pied triangulaire est formé par trois figurines
de satyres accroupis; le balustre rapporté est décoré
de cariatides et d'arabesques.

25. — Une sonnette en métal, avec ornements
en relief, du XVIe siècle.

26. — Le Christ debout: joli bronze florentin,

très-fin , dont quelques parties sont dorées ; socle en bois avec incrustations en agate.

27. — Deux petits chevaux au galop ; bronzes très-légers.

28. — Cassolette à trépied , ornée de bas-reliefs , sujets de bacchanales. Bel ouvrage du XVIe siècle.

29. — Atalante debout ; figurine en bronze italien très-fin , socle en marbre noir.

30. — Un cheval au galop ; bronze italien.

31. — Un cheval au trot ; bronze italien.

32. — Statue de Muse debout , avec draperies , ayant environ un mètre de hauteur , marbre de Carrare.

33. — Hercule jeune , debout , marbre blanc.

34. — Bas-relief en bronze florentin , représentant la mise au tombeau ; belle composition d'un ancien maître , offrant près de vingt figures. Il est attribué à Ghiberti.

35. — Flambeau formant écritoire ; bronze italien du XVIe siècle , formé par une figure d'esclave agenouillé portant la lumière.

36. — Deux cassolettes à trépied formé par des cariatides , et ornées de mascarons ; bronzes italiens du XVIe siècle.

37. — Diane debout, tenant un arc et un carquois ; jolie figure en marbre blanc.

38. — Jeune faune jouant de la flûte, petite statue en marbre blanc.

39. — Bellone debout ; auprès d'elle sont les attributs de la guerre. Bronze ancien , sur piédestal en marbre noir.

40. — La Vénus pudique ; bronze italien de moyenne proportion.

41. — Le gladiateur mourant ; bronze italien sur socle en serpentine, avec moulures en marbre blanc, orné d'appliques en cuivre doré.

42. — La flagellation du Christ ; composition de trois figures séparées ; bronze florentin d'une grande finesse , sur socle en bois noir.

43. — Samson terrassant les Philistins ; groupe de trois figures ; bronze italien très-ancien.

44. — Hercule enfant, étouffant les serpents ; figurine couchée, en marbre blanc, attribuée à Michel-Ange.

45. — L'Enfant-Jésus et le petit saint Jean ; groupe en marbre blanc, par Bouchardon. Charmante composition, et d'une proportion agréable.

46. — Le Faune à la biche ; joli bronze florentin sur socle en granit rose.

47. — Vénus pudique debout ; beau bronze italien de moyenne grandeur, sur socle en granit.

48. — Cippe en ivoire, orné d'un bas-relief représentant le combat d'Hercule contre les Amazones ; belle composition d'un grand nombre de figures. Travail italien attribué à Donatello ; la pureté du dessin et l'exécution de cette pièce remarquable ne laissent rien à désirer.

49. — Bacchus debout, couronné de pampres et de raisins ; statue de grandeur naturelle, en bronze, moulée d'après l'antique.

50. — Amour tenant des fleurs, figure en marbre blanc par Bouchardon ; le piédestal en marbre blanc est incrusté de plaques de brocatelle.

51. — Vénus sortant du bain, bronze italien du XVIᵉ siècle, sur pied en granit.

52. — Les deux chevaux de Marly, joli modèle de moyenne proportion.

53. — L'enlèvement de Déjanire par le Centaure ; bronze italien d'une grande beauté ; socle en bois.

54. — Meuble à trois portes, à hauteur d'appui, en marqueterie de cuivre et étain sur écaille noire ; il est enrichi de cuivre et de figures d'applique sur les portes latérales ; la tablette est en vert de mer de belle qualité.

55. — Autre meuble semblable au précédent.

56. — Bureau en marqueterie de cuivre et écaille rouge, le dessus marqueté en plein ; la façade est garnie de sept tiroirs.

57. — Petit bureau à quatre tiroirs, marqueterie de cuivre et écaille rouge.

58. — Meuble à hauteur d'appui, en marqueterie de cuivre et écaille noire ; il est garni de trois portes ; les deux latérales sont vitrées, et celle du milieu, pleine, est ornée d'un bas-relief en cuivre doré.

58 *bis*. — Deux fûts de colonne en marbre blanc.

DEUXIÈME VACATION.

59. — Petite figurine en bronze, Vénus sortant du bain.

60. — Deux petites figurines, un écorché et une petite Vénus ; bronzes italiens.

61. — Neptune debout, petite figurine en bronze.

62. — Petite figurine de femme, en cuivre doré et émaillé.

63. — La sépulture du Christ, bas-relief en cuivre doré, travail repoussé ; cadre en ébène et écaille.

64. — Sainte Marguerite et saint Charles Borromée, émail de Limoges.

65. — Jolie petite assiette, émail coloré de Limoges ; à l'intérieur, un sujet tiré de l'histoire de Daniel ; au revers, des arabesques.

66 — Un jeune garçon, figurine en bronze doré; travail italien du XVIe siècle.

67. — Saint Jean prêchant dans le désert, petite figurine en bronze.

68. — Joli petit bas-relief en ivoire, représentant des jeux d'enfants.

69. — Autre bas-relief en ivoire : Daphnis et Chloé.

70. — Figurine d'enfant couché et endormi.

71. — Une râpe à tabac en ivoire, ornée d'un bas-relief représentant Vénus et l'Amour, avec ornements d'arabesques.

72. — Trépied italien en bronze, formé par des sirènes supportées par des griffes de lions.

73. — Figurine debout en bronze : Bacchus au repos.

74. — Tête d'Hercule-Barbu, bronze italien du XVIe siècle.

75 — Figurine de satyre dansant; bronze florentin, sur trépied formant cassolette.

76. — Jolie petite figurine, femme accroupie et se coupant les ongles des pieds; bronze florentin très-fin.

77. — Prométhée sur le rocher et dévoré par le vautour; groupe en terre cuite.

78. — Jeune fille portant des colombes, emblême de l'innocence ; jolie terre cuite de Claudion.

79. — Vénus sortant du bain ; bronze florentin, sur socle en marbre noir.

80. — Mars debout, armé de la lance, du casque et du bouclier ; bronze italien, sur socle en marbre noir.

81. — Les trois Marie au pied de la croix où Jésus est crucifié ; on aperçoit dans le fond la ville de Jérusalem ; bel émail de Limoges, signé I. D. C.

82. — Jésus au jardin des Olives ; bel émail allemand du XVe siècle, composition d'un grand nombre de figures, dont plusieurs portent des armures de cette époque.

83. — Hercule debout, dans l'attitude du combat ; beau bronze italien, et d'une grande légèreté.

84. — Lucrèce se poignardant, bronze florentin, sur socle en cuivre.

85. — Épée du XVIe siècle avec lame à deux tranchants, et garde en fer ciselé, offrant des combats de cavalerie ; riche travail.

86. — Épée espagnole (estocade), pommeau ciselé et garde à panier, découpée à jour, et ciselée.

87. — L'Apollon du Belvédère, copie d'après l'antique ; hauteur : un mètre environ.

88. — Hercule terrassant un Centaure, bronze avec terrasse.

89. — Buste de la Vénus de Médicis, grandeur naturelle.

90. — Buste d'Antinoüs, de même proportion; ces deux bronzes peuvent faire pendants.

91. — La frileuse de Houdon, en marbre blanc; jolie figure d'un mètre de haut.

92. — Belle boîte à thé chinoise, ayant la forme d'un papillon, les ailes déployées en filigrane d'argent sur fond doré, avec fleurs émaillées.

93. — Buste d'Apollon sur fût de colonne cannelée, avec bandeau et torse sculptés, en marbre blanc.

94. — Vénus debout tenant une draperie; bronze italien sur socle en brocatelle.

95. — Petite figurine d'enfant drapé; bronze ancien.

96. — La Vierge portant l'Enfant-Jésus; jolie figurine en bois, avec couronnes et ornements en argent, et colliers en perles fines.

97. — Boîte à hosties; émail byzantin.

98. — Coupe festonnée; émail colorié de Limoges. A l'intérieur un écusson armorié, au revers une grisaille.

99. — Laocoon et ses fils; bronze florentin, du commencement du XVI° siècle. Ce groupe, de

moyenne proportion, est d'une beauté remarquable.

100. — Méléagre debout, le pied posé sur une tête de sanglier ; bronze florentin d'une légèreté remarquable.

101. — Deux gaînes à tablier, en marqueterie de cuivre et étain, enrichies de moulures en cuivre, avec rinceaux d'ornements sur les côtés.

102. — Deux autres gaînes semblables aux précédentes.

103. — Ostensoir gothique en argent doré, du XVI⁰ siècle. Il est orné d'un grand nombre de petites figures d'anges et surmonté du Christ en croix ; sur le pied sont deux écussons émaillés offrant les insignes des confréries d'ouvriers qui en étaient les donataires.

104. — Bas-relief repoussé en argent, de forme circulaire, représentant le combat d'Horatius Coclès ; travail remarquable et d'un précieux fini.

105. — Cosme de Médicis, petite statue équestre, bronze italien, dont la tête et les bras sont d'argent, sur piédestal en marbre portor. Ce petit monument, d'un très-beau travail, mérite de fixer l'attention des connaisseurs.

106. — L'enlèvement de Proserpine par Pluton ; auprès du dieu est placé Cerbère. Bronze italien très-capital, dont le modèle est peu connu, et d'une fonte très-légère ; sur socle en ébène avec incrustations de cuivre et appliques en cuivre doré.

107. — Petit rétable en bois d'ébène, orné de bas-reliefs en argent représentant l'adoration des mages, la mort du Christ et l'annonciation ; il est en outre enrichi de cariatides et d'ornements d'applique en argent.

108. — Petite statue équestre de Marc-Aurèle, du Capitole ; bronze italien d'un beau fini et d'une grande légèreté, sur socle en marbre portor.

109. — Cléopâtre tenant l'aspic ; bronze italien.

110. — L'enlèvement de Proserpine, groupe de trois figures ; très-beau bronze florentin, sur pied rocaille en cuivre doré.

111. — Armure complète de chevalier, du XVIe siècle ; elle est enrichie de bandes d'ornements gravés et dorés.

112. — Chanfrein en fer gravé et doré, de la même époque.

113. — Très-beau casque en fer repoussé et damasquiné d'or ; travail italien du XVIe siècle. Il est chargé d'arabesques de beau style et de trophées d'armes ; deux écussons renferment les figures de Saturne et de Mercure ; les oreilles sont ornées de larges mascarons. Cette pièce remarquable mérite de fixer l'attention.

114. — Un Christ italien ; ivoire d'un beau travail.

TAPISSERIES DES GOBELINS.

115. — La pêche miraculeuse, d'après J. Jouvenet.

116. — Le baptême de Jésus par saint Jean, d'après Restout.

117. — Le lavement des pieds, d'après le même.

Ces trois pièces, qui portent une dimension de près de huit mètres de long, sont d'une magnificence royale ; elles ont été données en présent au cardinal Caprara par l'empereur Napoléon. Cette donation est consignée dans les archives du Garde-Meuble.

118. — Dix-sept chaises et quatre fauteuils non garnis en bois sculpté renaissance.

FIN.

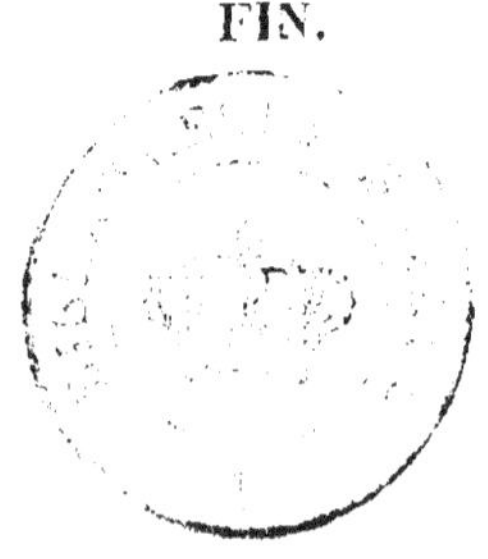